Lene Bordorff

Betragtninger fra en tagterrasse

- i vinterhalvåret

FSC
www.fsc.org
MIX
Papir fra
ansvarlige kilder
Paper from
responsible sources
FSC® C105338

Forlag: BoD – Books on Demand,
Hellerup, Danmark
Tryk: BoD – Books on Demand,
Norderstedt, Tyskland
ISBN: 9788743087137

Forord

Det er udsynet fra tagterrassen og de ting, der både finder sted på terrassen og i den omkringliggende natur, som er omsat til denne lille digtsamling.

Selvom om vinteren ofte holder én inde – er der masser af liv derude, som også har været en rigtig god inspirationskilde.

Digtene er tænkt som en lille pause fra dagligdagens skærme iblandet lidt humor og genkendelighed måske...

Kig op!
Kig ud!
Kig på verden - i den virkelige verden!
Kig dig omkring!
Kig!

Indhold

Søde sager

Stilhed

Lyden af sne

Tankespind

Snedigt - snedigt

Glæd dig!

Tak for vintertid

Urene stilles tilbage
En ekstra på øjet vi får
Nu kommer de stormfulde dage
Mod vinteren atter vi går
De stærkeste farver som baggrund
Det smukkeste syn foldes ud
Vi traver i blade på skovbund
Den skønneste gave fra Gud.

Hygge

Tid til at hygge sig inde

hvor levende lys bliver tændt

og sider skal læses til ende

i stilheden bliver de vendt

Den sødeste trang er at finde

Den varmeste kop er i gang

Vi nyder at sidde herinde

og synge en højskolesang.

Vintermørke

Mørket er ikke en fjende
men mere en kærkommen ven
som menneske må vi erkende
når lyset det kommer igen
I gråtunge skyer med regnen
er længslen din bonkammerat
En årstid der udfordrer sjælen
er både for stærk og for sart.

Uden dig!

Vinter du kalder på tanker

om livet og håbet fordi

I afmagten kaster vi anker

Du er som et skønmaleri

Din mørkeste tid vi erindrer

men da finder våren sin vej

En glæde du virksomme vinter

vi ikke kan få – uden dig!

Snefnug

At nå og stå
og betragte jer snefnug
Hvor I pryder
hver en stub
hvidt klæde I byder
I kommer væltende
eller drysser stille ned
i stilhed
I jer lægger
som en tyngde dyne
over spirende vintergækker
der snart vil komme helt til syne
I kulden dét varmer at tænke på.

Juletræ

På siden lige i hjørnet dér

ligger du henslængt på terrassegulvet her

Du som juleglæde bragte

Du som højt mod loftet dig strakte

Reducerende i friskhed

Dryssede i stilhed

Over pynt og pakker - måske i stakker

Kære gran nu ligger du brak

Farvel og tak for denne gang

Men Juletræ

nu giver du læ til selv de mindste kræ

Godt gået

Så gør du sandelig stadig noget.

Det var kattens

Står og puster til urteteen

Ud af vinduet jeg kigger

Bemærker

potespor i sneen

De dukker op

efter en kattekrop

Kun fordi

der faldt lidt sne

Det var kattens.

Krukkerier

Så viseligt

mine krukkerier

med spiseligt

overvintrer og spirer

Det gamle løv

lægger sig som låg

Men tøv

Åh

Rigt

Forunderligt

Livet *er* tilstede

Jeg næsten må græde

- af glæde.

Haglby(g)en

Alting visner

I kulde mennesker gisper

Hov!

Hvem dér?

Sjov

lyd

især

når haglbygen

popper byen.

«Kong Vinter»

Kærlighedens Konge med og uden torne

Glædens melodi i Danevang skal tone

Hele Danmarks Konge med og uden krone

Hjertets poesi fra fællesskabets trone:

Samlet, fædrelandet føre

Sammen, favnet af det større

**"Forbundne, forpligtet, for Kongeriget Danmark!"*

*Kong Frederik X's Kongeord ved kroning 14.01.2024

Alge!

Alge!

Din kanalje!

En slet skjult detalje!

Selv på en murerbalje!

Din iver kalder på en fortjenstmedalje!

Dog enkle steder går fri for en grønalge:

Frøkenens hvepsetalje!

Dior

Lyset

Lyset eller mangel på samme

gør mine tanker tamme

Kom igen

min universelle lyse ven

Jeg længes i sidstningen

til mere lys på nethinden

Du trækker mig i gang

som en anden god BothWays sang:

"Vinterhi"

Hi, hi

Ha, ha

Ho, ho

Den er go':

Vinterhi (BothWays - kan googles)

Kolde nætter iskrystaller sommertid er endt

Vinter efter løvet falder blade bliver vendt

Jeg må standse op og mærke min krop

der siger STOP hvor tanker presser på

Min sjæl og jeg går i stå

Spæde solstrejf frost på tage

trækker mig afsted

Vinterdage er tilbage

Kulden følger med

Men lyset er stærkt

det løfter mig op som morgengry

Det letter mig svært

at finde min vej igen på ny.

Søde sager

Der er som om

man drages af søde sager

når vintermørket tiltager

Kom kom kom

Put chokolader i mund

Hvilken lyksalig stund

Jeg bliver dog rund

og usund

MEN glad i låget

Dét kan også noget

Så pyt skidt!

Det var så lidt...

Stilhed

Schyy!

Lyden af sne

Man ser den - ih

Man mærker den - uh

Man smager den - ah

Man leger i den – oh

Man kører fast i den – åh.

Find selv på flere...

Tankespind

De stille blikke med strejf af kulde

fortæller mere end kolde ord

som revnerne i en kagerulle

der opsnapper alt på et køkkenbord

I lyset fanges så trofast støvet

der drysser sirligt og fint som sne

Er verden i dag mon kun bedrøvet?

Den tanke presser sig på som en ve!

Snedigt - snedigt

Kold sne

Snekold

Glæd dig!

Efter vinter kommer vår

- år efter år...